A mis queridos hijos, Ryan, Alex y Beckett.
—R.D.

A mi maravillosa familia, este cerca o lejos.
—C.H.

Datos de la Clasificación Internacional de Patentes a disposición del público.
Número de Registro de la Biblioteca del Congreso 2009911363

ISBN 978-0-9840806-3-2

13 12 11 10 09   1 2 3 4 5 6 7 8 9 10

Impreso en Canadá
Primera edición en 2009

Little Pickle Press LLC
PO Box 983
Belvedere, CA 94920

No deje de visitarnos en www.littlepicklepress.com.

¿Qué Significa Ser Global?

Por Rana DiOrio   Ilustraciones de Chris Hill

Little Pickle Press

¿Qué significa ser global?

¿Significa tener un globo terráqueo en casa? No.

¿Significa estudiar los planetas? No.

¿Significa verse como un globo? ¡No!

Ser global significa...

... tener curiosidad acerca de otras partes del mundo.

... darte cuenta de que tu idioma es solo uno de los miles que se hablan en el planeta.

. . . escuchar estilos de música nuevos y diferentes.

. . . viajar, ya sea cerca o lejos

y apreciar lo especial que tiene cada lugar.

. . . probar todo tipo de comida.

. . . vivir otras tradiciones.

... aprender acerca de otras religiones.

...respetar
los valores ajenos
aunque sean
diferentes de los
tuyos.

. . . celebrar
la diversidad en
la gente.

...ser conscientes
de que nuestras acciones
afectan a los demás.

...vivir en paz y en armonía con los demás.

... abrir tu mente a   nuevas posibilidades.

¡Ayudar!

Ser global significa ser ciudadano del mundo.

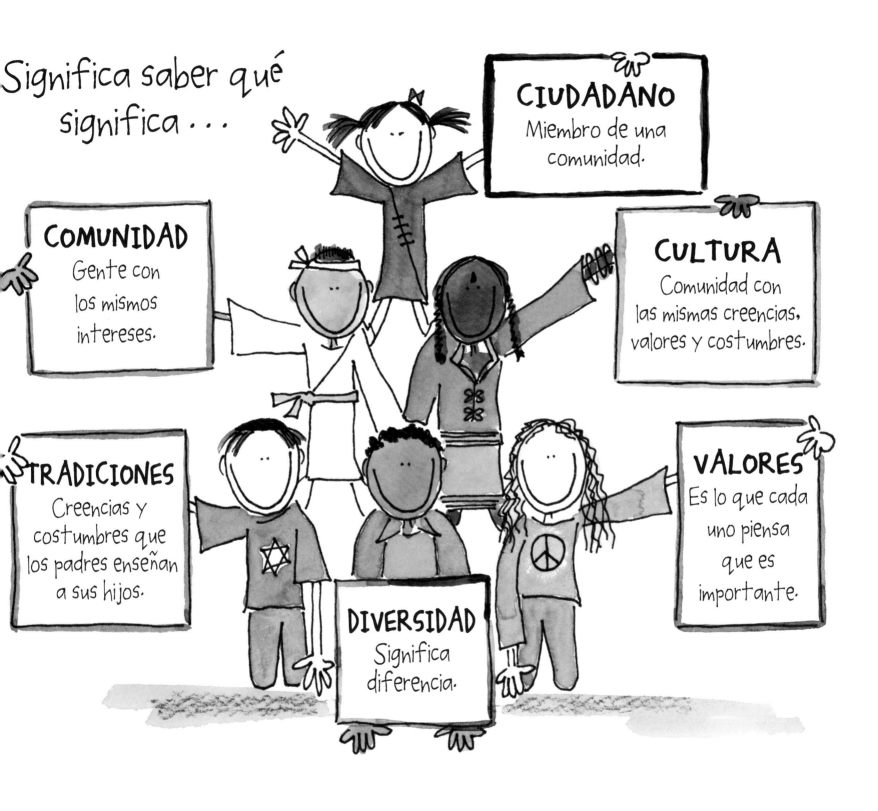

Significa saber qué significa...

CIUDADANO
Miembro de una comunidad.

COMUNIDAD
Gente con los mismos intereses.

CULTURA
Comunidad con las mismas creencias, valores y costumbres.

TRADICIONES
Creencias y costumbres que los padres enseñan a sus hijos.

VALORES
Es lo que cada uno piensa que es importante.

DIVERSIDAD
Significa diferencia.

Entonces, hagamos todo lo posible por ser globales.

Y pasemos la voz . . .

Si todos
fuéramos
globales . . .

¡Nuestro mundo seria aún mas interesante y divertido!

Nuestra Misión

La compañía Little Pickle Press está dedicada a ayudar a los padres de familia y maestros a cultivar niños consientes y responsables. Inspiramos a nuestros lectores a ayudar a niños necesitadosa, celebrar la diversidad, y a proteger el mido ambiente.

Donaremos el 10% del precio del libro a la fundación Starlight Children.

starlight™
children's foundation   starlight.org

Si quieres saber más sobre nosotros o la fundación Starlight Children, visita nuestra página de Internet: www.littlepicklepress.com.

NEW LEAF PAPER®

POR QUÉ ES MEJOR UTILIZAR

pasta de papel reciclada que pasta de papel nueva

He aquí la lista de los recursos naturales que Little Pickle Press ayudó a conservar, eligiendo el papel *New Leaf Reincarnation Matte* para este libro. Este papel es 100% reciclado y fabricado sin cloro. La electricidad usada para fabricar el papel provenía de energías renovables.

Arboles	Agua	Energía	Basura	Gases invernadero
28	23140	3,9	1.337	2.260
árboles adultos	litros	millones de vatios	libras menos	menos emitidos

Estos cálculos se basan en la investigación del Earth Defence Fund, y otras organizaciones dedicadas a hacer más ecológica la fabricación del papel

www.newleafpaper.com

 ANCIENT FOREST FRIENDLY™   Green-e  NEW LEAF PAPER manufactured with **wind power**

Nuestros productos son ecológicos, usamos papel reciclado, tinta de soja y embalaje biodegradable.

La autora

Rana DiOrio nació en Providence, RI, en el seno de una fantástica familia italoamericana. Su insaciable curiosidad por el mundo comenzó ya en la guardería, cuando se puso a leer sobre la historia de China y, claro está, sobre los osos panda. Mientras estudiaba ciencias políticas y psicología en la Universidad, y más tarde, cuando se puso a estudiar leyes, lo que más le interesaba era la perspectiva, el hecho de que cada persona, cada lugar, cada objeto o cada situación puede ser interpretado de muchas formas diferentes, todas ellas válidas.

"Creo que sí hemos nacido con dos orejas dos ojos y sólo una boca es para escuchar y observar el doble de lo que hablamos. Eso me ayuda a entender y apreciar más la diversidad". Rana se inspiró en la elección del presidente Barack Obama para escribir ¿Qué Significa Ser Global? Quería poder explicarle a sus hijos la profunda importancia y el significado de este hecho.

Rana ha escrito durante toda su vida. Cuando era estudiante, cuando era abogada, cuando era gestora de inversiones, cuando era gestora de capital de inversión… y ahora, con libros para niños. Le gusta la yoga, leer novelas, soñar, cambiar las cosas para mejor y, como no, ser global. Vive en Belvedere, California, con su marido y sus tres niños.

La ilustradora

Chris Hill nació y creció en Londres, Canada. En la Universidad estudió psicología, y cuando acabó lleno una mochila de sus cosas favoritas, por ejemplo una libreta de dibujar y rotuladores. Con ella a la espalda se fue a visitar California y se quedó allí. Chris se hizo profesora en San Francisco, donde se lo pasaba genial enseñando a dibujar a sus alumnos de preescolar. Con sus personajes dibujados conseguía entretener y motivar a sus alumnos más mayores.

Tras una década de enseñar y perfeccionar sus habilidades artísticas, Chris inauguró Mackie Mack, una tienda de productos de papelería hechos a mano, tarjetas y lienzos. Su creatividad su inteligencia y su don de gentes hace que sus personajes tomen vida. "Lo que me inspiró a ilustrar *¿Qué Significa Ser Global?* es el hecho de que un gesto bonito puede cambiar la percepción del mundo y de sí misma de una persona. Me gusta esta idea de que la energía positiva puede ser contagiosa y que puede hacer el mundo más pacífico y mejor para todos."

A Chris le gusta correr, colaborar en su comunidad, ser divertida y, claro está, dibujar. Vive en Mill Valley, California con su marido y sus dos hijas, Mackie and TJ.